U0712553

Discovery Education 探索·科学百科（中阶）

3级D4 工业文明

全国优秀出版社
全国百佳图书出版单位

广东教育出版社

中国少年儿童科学普及阅读文库

探索·科学百科™ 中阶

工业文明

[澳]尼古拉斯·布拉克⊙著

王莹莹(学乐·译言)⊙译

Discovery
EDUCATION™

全国优秀出版社
全国百佳图书出版单位

广东教育出版社 学乐

广东省版权局著作权合同登记号
图字：19-2011-097号

Copyright © 2011 Weldon Owen Pty Ltd
© 2011Discovery Communications, LLC. Discovery Education™ and the Discovery Education logo are trademarks of Discovery Communications, LLC, used under license.
Simplified Chinese translation copyright © 2011 by Scholarjoy Press, and published by GuangDong Education Publishing House. All rights reserved.

本书原由 Weldon Owen Pty Ltd 以书名DISCOVERY EDUCATION SERIES · Industry and Invention（ISBN 978-1-74252-162-6）出版，经由北京学乐图书有限公司取得中文简体字版权，授权广东教育出版社仅在中国内地出版发行。

图书在版编目（CIP）数据

Discovery Education探索·科学百科. 中阶. 3级. D4，工业文明/[澳]尼古拉斯·布拉克著；王莹莹（学乐·译言）译. 一广州：广东教育出版社，2014.1
（中国少年儿童科学普及阅读文库）
ISBN 978-7-5406-9355-8

Ⅰ.①D… Ⅱ.①尼… ②王… Ⅲ.①科学知识一科普读物 ②工业史一世界一少儿读物 Ⅳ.①Z228.1 ②T-091

中国版本图书馆CIP数据核字(2012)第159221号

Discovery Education探索·科学百科（中阶）
3级D4 工业文明

著 [澳]尼古拉斯·布拉克　　译 王莹莹（学乐·译言）

责任编辑 张宏宇 李 玲 丘雪莹　　助理编辑 蔡利超 于银丽　　装帧设计 李开福 袁 尹

出版 广东教育出版社
　　地址 广州市环市东路472号12-15楼　邮编：510075　网址：http://www.gjs.cn
经销 广东新华发行集团股份有限公司　　　　　印刷 北京顺诚彩色印刷有限公司
开本 170毫米×220毫米 16开　　　　　　　　印张 2　　字数 25.5千字
版次 2016年5月第1版 第2次印刷　　　　　　装别 平装

ISBN 978-7-5406-9355-8　　定价 8.00元

内容及质量服务 广东教育出版社 北京综合出版中心
　　电话 010-68910906 68910806　网址 http://www.scholarjoy.com
质量监督电话 010-68910906 020-87613102　购书咨询电话 020-87621848 010-68910906

目录 | Contents

发明创造的时代

1 9世纪是一些有想法的人们改变人类生活的时代。在世纪之初，还没有电灯、火车和汽车，并且没有任何方法可以实现即时通讯。但到19世纪末，房屋和街道因电灯变得明亮，人们利用火车实现远程旅行，汽车行驶于大街小巷；而如果想要传递消息的话，只要接通电话就能办到。

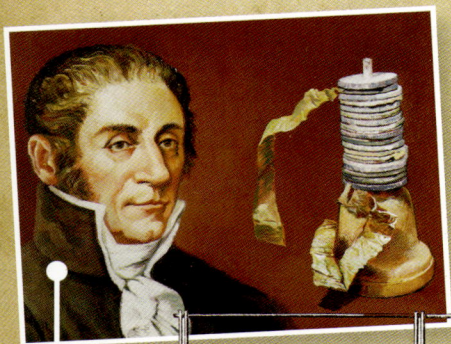

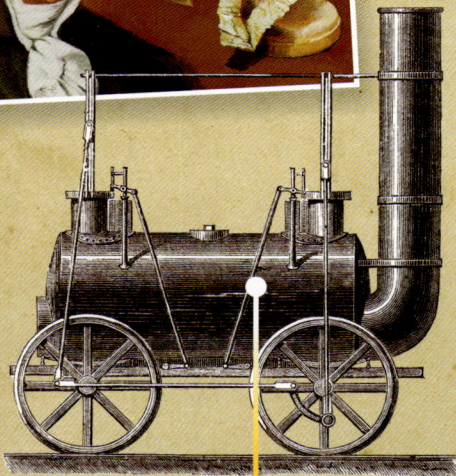

1800年

亚历山德罗·伏特（Alessandro Volta），意大利物理学家，电学研究领域的先驱。1800年，他发明了一个叫做"伏打堆"的装置，该装置可以在使用之前存储电力。这是世界上第一块电池。

1814年

乔治·史蒂芬森（George Stephenson），英国工程师，他在1814年制造了第一辆属于他自己的机车。设计该机车的目的是用来从矿井搬运煤。继而他又建造了铁路，并且和他的儿子罗伯特（Robert）一起制造了更高效、更强劲的蒸汽火车。

1829年

威廉姆·巴特（William Burt），发明家，政治家，他发明了一种安装旋转架的机器，且旋转架上附带有按字母排列的字符。他将其命名为印刷机，这台印刷机成为之后出现的打字机的鼻祖。

1837年

塞缪尔·摩尔斯（Samuel Morse），美国发明家，同时也是一位艺术家，一段偶然听到的谈话激发了他的灵感，他因此发明了电报机。而通过电报机发出的第一条消息则是："上帝创造了何等的奇迹！"

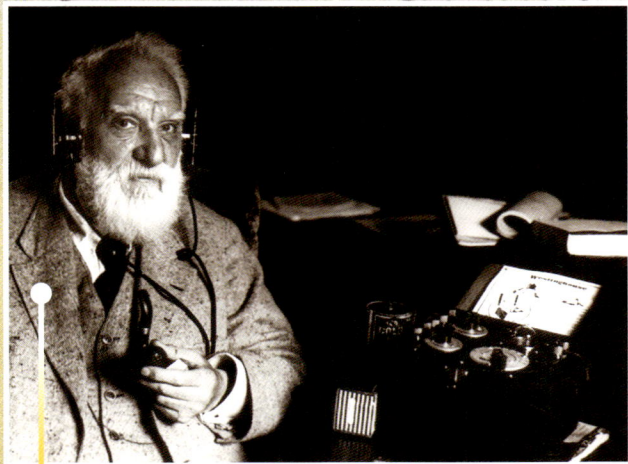

1856年

路易斯·巴斯德（Louis Pasteur），法国化学家，取得了多项重要发现，其中一项发现就是巴氏杀菌法。该方法将诸如牛奶等液体加热到一定的温度，在这个温度下，有害的微生物被消灭，而液体本身并没有被破坏。

1866年

阿尔弗雷德·诺贝尔（Alfred Nobel），瑞典商人，他发明了炸药。这对采矿业来说意义重大，因为炸药使炸开岩石变得更加安全和高效。而社会对其发明的责难促使诺贝尔设立了"诺贝尔奖"。

1867年

亚历山大·格雷厄姆·贝尔（Alexander Graham Bell），苏格兰科学家，工程师，同时也是声称自己发明了电话机的几个发明家之一。由于受到摩尔斯发明的电报机的启迪，他解决了如何通过传输复杂信号来再现人声的课题。

1885年

卡尔·本茨（Karl Benz），是一位德国工程师，他对机动车的发展做出了卓越的贡献。他发明了多辆发动机驱动的交通工具，其中包括一辆装有发动机的三轮车。1886年，他制造了第一辆燃料动力汽车。

环境影响

在18世纪以前，大多数农场规模较小，且自给自足，仅仅种植只够一个家庭或一个小社区生活的食物，因此对土地环境的破坏很小。

脱粒

通过拍打谷物(例如玉米)，将可食用的种粒从秸秆上剥离出来。

小规模牲畜饲养

一些农民还以在肥沃的土地上放牧的方式饲养少许牲畜。这是用来生产优质奶酪的途径。

耕种

在许多国家，拖拉机已经取代耕牛来牵引犁具，但在一些发展中地区还未实现。

18 世纪前

人类已经在土地上耕种了将近一万年。在这漫长的一万年中的大部分时间里，耕种是一项缓慢且艰辛的体力劳动。而在最近的 200~300 年，科技使得农民和工人大幅提升了劳作的速度，同时轻而易举地改变了他们的工作和生活。

不过，由于各种原因，科技的成果并没有普及到地球的所有角落，有一些人依然像自己的祖先那样耕种着土地。

1号田地

秋天，燕麦、大麦和其他农作物等待着收割。

了解土地

北欧有一个传统，就是每年让一部分土地休养生息，使其恢复由于种植农作物而流失的养分。在播种新种子时，这种方法有助于确保土地产出高质量的农作物。

辅助工具

在古代中国，农民一般不会饲养太多大型动物，因为饲养它们意味着需要使用可贵的土地种植草料。

然而，他们还是认识到一些动物能够使他们的劳作变得轻松，例如那些可以牵引笨重铁犁的牲畜。

耕牛在牵引犁耙耕地

2号田地

这块田地被闲置下来，用以恢复地力。

3号田地

人们正在这块田地里耕种，以期来年夏天的大丰收。

酿酒

碾压葡萄，用来制造葡萄酒。

蒸汽机

蒸汽机是历史上最重要的发明之一，它将热能转化为功。在蒸汽机出现之前，农业和其他行业中所使用的动力大多来自人畜。

蒸汽机燃烧煤炭，将水煮沸，沸水产生的蒸汽推动一个可动活塞，这个活塞与机器的其他部件相连接，从而实现有效做功或驱动车辆前进。

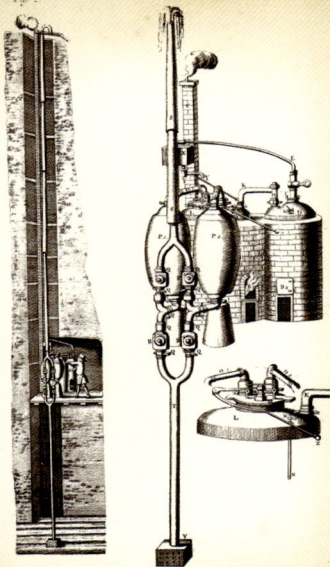

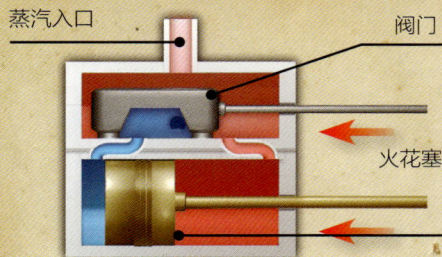

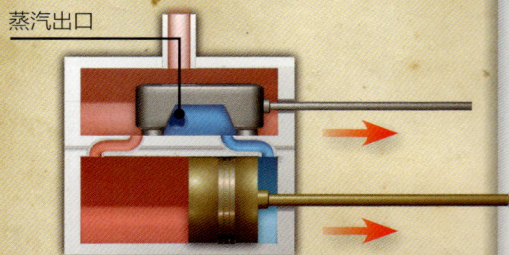

托马斯·塞维利
（Thomas Savery）1698年

1698年，英国人托马斯·塞维利发明并制造了早期的蒸汽机。他所制造的蒸汽机没有活塞，而是通过先加热水，然后再冷却的方法来抽取矿井水。

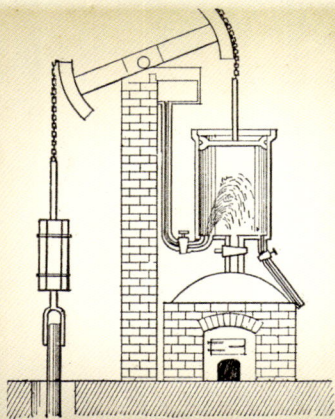

托马斯·纽科门
（Thomas Newcomen）1712年

托马斯·纽科门同样发明了蒸汽机，以抽取矿井水。他所制造的蒸汽机带有活塞，这个活塞与一根杆相连，当杆运动时，它带动与泵相连的一条链子上下运动。

蒸汽入口　阀门　火花塞

蒸汽出口

詹姆斯·瓦特
（James Watts）1769年

对工业革命贡献最大的蒸汽机是由詹姆斯·瓦特发明的。他发明的双动蒸汽机通过管道将增压后的蒸汽（红色部分）输送到汽缸，从而驱动活塞运动。该蒸汽机还具有一个出口，供废气排出（蓝色部分）。

理查德·特拉维斯克

（Richard Trevithick）19世纪

　　理查德·特拉维斯克决心制造一个高压蒸汽机，其锅炉和发动机被安装在同一个装置内。19世纪左右，他取得了成功，并且制造了一辆机车。这为其他人创造更快、更高效的蒸汽火车铺平了道路。

帕芬·比利

（Puffing Billy）1813年

　　世界上现存最古老的蒸汽机车是"帕芬·比利"。它制造于1813年，用来从矿井中向外运送煤炭。它极其笨重，最高时速仅为8千米。但在那个时候，它比用马匹运输煤炭更加高效。

罗伯特·史蒂芬森

(Robert Stephenson) 19世纪20年代

　　罗伯特·史蒂芬森和他的父亲乔治·史蒂芬森一起创建了世界上第一家制造蒸汽动力机车的公司。他们在其他发明家的设计基础上进行了很多改进。19世纪20年代中期，他们制造的发动机轻而易举地赢得了在众多发明者之间进行的各种比赛。

蒸汽动力 19世纪中叶

　　到1850年，在一些发达城市，高压蒸汽机被广泛用来为工厂和作坊提供动力。通过燃烧煤炭或木材加热锅炉中的水。飞轮的作用是使传向机器的动力更加顺畅、平稳。

热能驱动

白炽电灯泡的工作原理是通过产生足够的热能来发光，这也是它摸起来很烫的原因。恰恰也由于这个原因，它的效率很低，因为所产生的能量的 90% 都通过发热而流失了。

灯丝

盘绕在顶部的金属丝叫做灯丝。它由钨——一种熔点很高的金属制成。

玻璃底座

玻璃底座顶部的两根金属丝是用来支撑灯丝的。

电灯

1 9 世纪，许多人都独立发明了白炽电灯泡。1879 年，托马斯·爱迪生（Tomas Edison）试制成功了持续时间长且实用的电灯泡，产生了巨大的影响。

事实证明，除了比燃气灯和蜡烛更便利之外，在某些行业中，电灯泡甚至是人类的救星。例如，在煤矿业，矿工为了想要看清自己身处何地以及确保顺利进行作业，往往会点燃明火，而矿井中的危险气体一经接触明火，便有可能引发爆炸。

惰性气体

玻璃灯泡中充满了一种惰性气体，当灯丝加热时，该惰性气体不会产生化学反应，还能够延长灯丝的寿命。

电线

两根电线将灯丝与灯泡底座的金属触点连接起来。

螺旋底座

通过螺旋底座，可以将灯泡拧入灯架。此外，还有适合不同种类灯架的卡座。

电触点

在灯泡的底部是电触点，与电源相连接。

汉弗莱·戴维
（Humphry Davy）

英国科学家和发明家。汉弗莱·戴维对气体的性质进行了研究。1802年，他利用电流通过铂金属条展示了第一个白炽灯。他还发明了矿灯，这种矿灯将火焰圈住，以免在矿井中引发甲烷气体爆炸。

托马斯·爱迪生

美国科学家和发明家。托马斯·爱迪生在白炽电灯泡的发明领域取得了重大的突破。他使用碳丝来加热和发光。其首次面对公众的演示是在1879年12月31日。

高效节能

荧光灯泡比白炽灯泡更加高效，因为它发光的同时不会产生热量。其工作原理是让电子与汞原子发生撞击，之后会产生紫外线光。但紫外线光不能为肉眼所见，所以要由灯管上附着的磷粉将其变成可见光。

一个荧光灯泡

缝纫机

19 世纪中叶发明的缝纫机，在家庭生活和工作场所两个方面都显著改变了人们的生活。工人制作衣物的速度增加了好几倍，大型纺织工厂得以蓬勃发展，同时也为那些没有手工技艺的人们提供了工作机会。

由于缝纫机的发明，那些以前因为买不起手工制作的衣物而不得不自己缝制衣物的人们现在可以买到廉价衣服了。

早期缝纫机
伊萨克·辛格建立了胜家制造公司（Singer Manufacturing Company），图中的这个缝纫机就是该公司首批缝纫机中的一个，制造于1851年。

伊萨克·辛格（Isaac Singer）
虽然伊萨克·辛格没有发明缝纫机，但是他确实将其变得便于使用。他所做的改进之一是，当不使用缝纫机的时候，就将其装入一个盒子中，这样可以当作一个置物台。

制衣工厂，19世纪

19世纪50年代，在英国的缝纫工厂中使用的大部分是蒸汽动力缝纫机。女缝纫工通过脚踏板控制机器。由于每个操作工分别负责不同的工作，因此制作一条裤子要经由16双手。

学习缝纫

在瑞士，有专门面向新移民开设的缝纫课——能够自己制作衣服是一项很有用的技能。

伊利亚斯·哈维
（Elias Howe）

伊利亚斯·哈维是一位美国发明家，他被誉为"缝纫机之父"，尽管第一台缝纫机不是他发明的，他只是在他人设计的基础上进行了改善。他的设计中最重要的特征就是同时使用两股线进行缝纫。图中这台机器是在1846年左右制造的。

收割机

收割机是 19 世纪 30 年代发明的。在此之前，收割庄稼是一件非常辛苦的体力劳动。农场工人收割庄稼时手拿镰刀，弯着腰齐根割掉农作物。那些拥有长柄镰刀的人可以不用把腰弯得那么低，尽管如此，收割庄稼依然是很艰辛的。

收割机除了可以轻松地完成收割庄稼的任务外，还能将收割后的庄稼收集起来。这样，以前要通过手工劳作来完成的这项工作也由收割机代劳了。

赛勒斯·麦考密克（Cyrus McCormick）

赛勒斯·麦考密克是一个农民，同时也是一位发明家，他发明的机械收割机改变了传统的耕种习惯。这项发明是由他的父亲开始的，继而移交给他。1831年，赛勒斯首次展示了第一台机械作业收割机。

卷轴构件

当切割谷物时，将谷物卷到适当的位置上，然后将切割后的谷物推送到集穗台上。

机械收割机

赛勒斯·麦考密克的机械收割机是在他家的地产——美国弗吉尼亚沃尔纳特·格罗夫（Walnut Grove）农场发明出来的。收割机中央处的宽大车轮支撑着机器的重量，同时操纵着切割刀片。

分禾器

将谷物相互分开，以便切割。

集穗台

用来盛放被切割下来的谷物。

驱动轮

与切割刀片相连，当车轮转动时，刀片进行切割。

节省劳动力

机械收割机的发明意味着收割庄稼只需要两个人即可完成。一个人来驾驭马匹，另一个人将掉落在集穗台上的谷物拢在一起。

联合收割机

联合收割机是机械收割机的现代版。它由希兰·摩尔（Hiran Moore）在1834年发明，具有三个功能：收割、脱粒和清除杂物。

切割下的谷物被储存在谷仓。

通过卸粮管，谷物被装载到拖车上。

旋转刀片切割谷物。

木制辕杆

将马匹套在上面，从而拉动收割机。

你知道吗？

机械收割机的发明可以让两个人一天完成4.9公顷的谷物收割，相比之下，用镰刀仅能收割1.6公顷。

机械计算器

通 常认为计算机是 20 世纪的发明，但是在很久以前，人们就有设计一台能够进行复杂运算的机器的想法。19 世纪 20 年代，一位名叫查尔斯·巴贝奇（Charles Babbage）的英国数学家决心发明一种可以计算的机器。

作为一名数学家，查尔斯·巴贝奇对别人进行数学计算时出现的高错误率感到非常烦恼，于是在 1822 年，他开始设计机械计算器，不过始终没有完成制造。然而，他所取得的进步以及他留下的笔记使得其他发明者在 100 多年后将他的设计变成了现实。

查尔斯·巴贝奇

1824年，查尔斯·巴贝奇因其设计的机械计算器而被伦敦皇家天文学会授予金质奖章。在他刚刚开始研制这台机器的时候，社会大众就对此产生了深刻的印象。

捕牛器
（Cow Catcher）

查尔斯·巴贝奇实际上也完成了一些发明。其中一个就是附带在火车发动机前方，用来清除铁轨上障碍物的铁架子。这个发明真正的名字叫排障器，它还有一个更通俗的叫法——捕牛器。

一辆带有排障器的蒸汽机车模型

分析机

19 世纪 30 年代，查尔斯·巴贝奇开始制造一台机械计算器，他称之为分析机。他在设计中提出这个分析机应该高 4.6 米，宽 1.8 米，然而他最终没有完成。这台分析机的一部分现存于英国伦敦的科学博物馆。

现代计算机

第一台可用的机械计算器在20世纪30年代制作成功。一经制成，其工艺以及精巧的设计便成为电子设备的引领者，进而为电脑的发明打下了良好的基础。今天，全世界范围内正在使用的电脑已经超过10亿台。

电报

今天，信息即刻间就能传递到世界各地。人们之间可以直接对话，甚至在异地交流时还能相互看见。实际上，直到19世纪30年代，从一地将信息传递到另一地的唯一办法还只能通过步行或骑马，之后发明了发报机，很快就能发送和接收到信息。发报机是基于电磁学原理，它利用电脉冲产生不同信号，这些信号可以被解码成字母和文字。

塞缪尔·摩尔斯

塞缪尔·摩尔斯发明电报机的想法是在一次从美国到英国的旅途中产生的。他偶然听到一些旅客正在谈论电磁铁，于是他很想进一步了解电磁铁是否可以用来通过金属线传递信息。

马可尼的无线电发射机

在摩尔斯利用电流成功发送信号后，许多科技革新接踵而至。其中之一就是无线电。意大利发明家伽利尔摩·马可尼（Gugliemo Marconi）利用无线电发射机发射了跨越大西洋的无线电信号。

如何使用摩尔斯码

塞缪尔·摩尔斯发明了一种代码，由一连串或长或短的电脉冲代表字母表中的每一个字母。这些脉冲一般被看做是点和破折号。接受过摩尔斯码训练的人接收到这些脉冲后，会将其解码成为信息。

摩尔斯代码表

图表中说明了每种点和破折号的组合代表了字母表中的相应字母。除了字母以外，句号和逗号也有相应的表示。此外还有问号，供接收信息的收报员不清楚某个信号的意思时使用。

A .-	N -.	0 -----
B -...	O ---	1 .----
C -.-.	P .--.	2 ..---
D -..	Q --.-	3 ...--
E .	R .-.	4 ....-
F ..-.	S ...	5 .....
G --.	T -	6 -....
H	U ..-	7 --...
I ..	V ...-	8 ---..
J .---	W .--	9 ----.
K -.-	X -..-	逗号 .-.-.-
L .-..	Y -.--	句号 --..--
M --	Z --..	问号 ..--..

在紧急关头

SOS是那些需要紧急救助的人们发出的信号。字母"S"以三个点来表示，字母"O"则用三个破折号表示。

商业应用

在美国纽约的西部联合电报公司的电报收发室，发信人将写好的信息交给发报员，发报员用桌子上的小机器敲打摩尔斯电码。

电话

很 少有发明能在改变人类通信方面，达到和电话同样的高度。该装置将声音转换成沿电线传输的电信号，再转换成一种听起来像原声的声音形式。

历史上有几位发明家可以与电话的发明联系起来，其中最主要的两位要数苏格兰人亚历山大·格拉汉姆·贝尔（Alexander Graham Bell）和美国人伊莱沙·格雷（Elisa Gray）。让人感到惊奇的是，他们两人在同一天——1876年2月14日——提交了电话的专利申请。

贝尔和沃森

第一条通过电话传送的信息是由亚历山大·贝尔发给他的助手托马斯·沃森（Thomas Watson）的。他们当时在同一幢房子的不同房间里。这条信息的内容被认为是："沃森，快过来，我需要你的帮助。"

烛台式电话

第一部电话被称作烛台式电话，它没有用来拨号的数字键，而是由接线员将呼叫者与接收者连通。

早期电话

电话交换站

　　接线员接通呼叫者和接收者的地方叫电话交换站。接线员从呼叫者一方收到呼叫，并将其手动连接到接收者一方。首家电话交换站在 1877 年开设于美国康涅狄格州（Connecticut）。手动交换一直到 20 世纪中叶都很普遍。

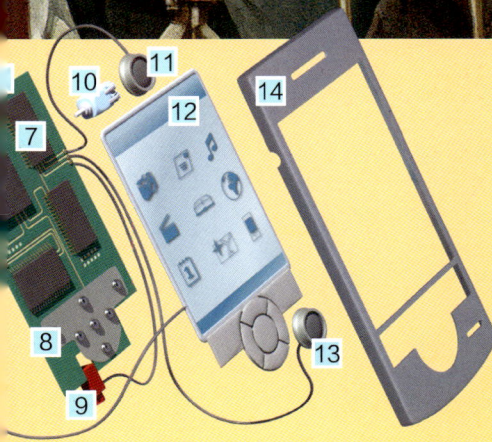

蜂窝电话（Cell phone）

　　蜂窝电话是在20世纪70年代发明的，近年来的改进使其变成一种万能的通讯设备，而不仅仅只是一种发送和接受声音信息的工具。

1. 电池
2. 后盖
3. 照相机
4. 天线
5. SIM卡
6. 电路板
7. 微型芯片
8. 按钮触点
9. 耳机插槽
10. 振动器
11. 扬声器
12. 触摸屏和显示屏
13. 麦克风
14. 前盖

巴氏杀菌法

巴氏杀菌法是一种通过将液体加热以消灭有害细菌的杀菌方法，而液体本身的味道不会受到影响。这种方法是由法国化学家路易斯·巴斯德在 1864 年发现的。在发现这种方法之前，唯一用来灭细菌的方法就是将液体煮沸，但是这通常会破坏其本身的味道。

用巴氏杀菌法进行处理的最常见的液体就是牛奶。然而，这种方法最初是用来防止微生物使葡萄酒和啤酒的味道变酸的。

路易斯·巴斯德

法国人路易斯·巴斯德取得过许多科学成就。他制成了预防狂犬病的疫苗，并且发现所有传染病都是由微生物引起的。被世人称作"微生物学之父"的路易斯·巴斯德在其从事的科学领域中所做出的成就引领着其他人不断前进，继续探索治愈更多疾病的方法。

巴氏杀菌法在19世纪的应用

到19世纪末期，巴氏杀菌法越来越普及。当牛奶通过一个加热的器具时，有害的微生物被消灭，从而，牛奶的储藏周期得以延长。

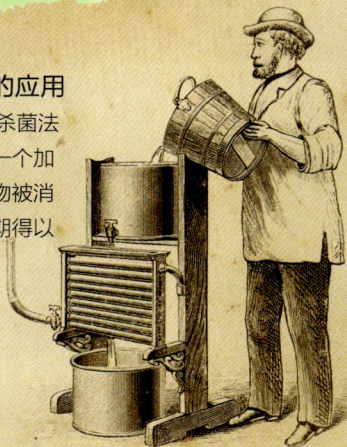

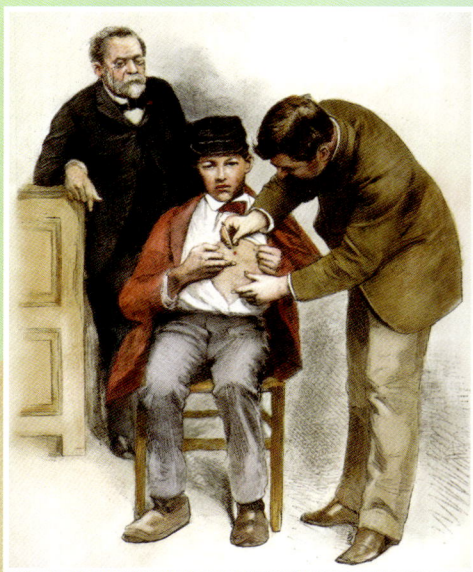

狂犬病疫苗

狂犬病是一种致命的病毒性疾病，它能损害神经系统。狂犬病通常是被带有狂犬病毒的动物，例如宠物狗咬伤所致。路易斯·巴斯德发明的疫苗挽救了许多人的生命。

分批式巴氏杀菌法

在小型牛奶包装工厂中，牛奶的巴氏杀菌步骤主要包括：将新鲜的牛奶倒入一个巨大的巴氏杀菌槽进行加热，之后冷却并在运往商店之前进行储藏；同时，为了对下一批牛奶进行杀菌，该杀菌槽会被彻底清洗。

连续式巴氏杀菌法

大型牛奶厂以及牛奶包装厂所使用的是连续式巴氏杀菌法——使牛奶通过一连串被加热到一定温度的管道和器皿。它比分批式巴氏杀菌法更加快捷和高效。

你知道吗?

巴斯德从事的工作促使了疾病生源说概念的形成。这个概念向我们阐述了病菌是如何从外界攻击我们的身体的。

消毒剂

路易斯·巴斯德认识到，防止微生物进入人体内就能够避免疾病。正是这一认识引领约瑟夫·李斯特（Joseph Lister）发明了在医学治疗之前实施消毒的方法。

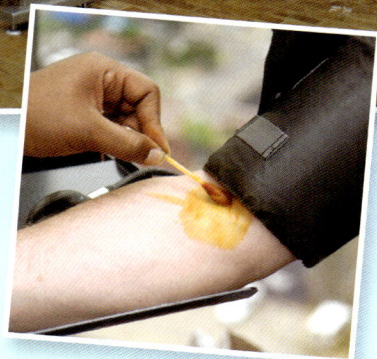

燃机

燃机是一种将热能转换为功的装置，包括外燃机和内燃机两种类型。首台燃机发明于 17 世纪，其底部具有一根装有火药的管子，顶部有一个活塞。点燃火药时，火药就会爆炸，继而活塞开始运动。然而，在管子重新被装满火药之前，活塞只能运动一次。

首批大规模生产且运转良好的燃机是 19 世纪 80 年代由比利时的吉恩·约瑟夫·埃蒂安·勒努瓦（Jean Joseph Etienne Lenoir）和德国的尼克劳斯·奥托（Nicklaus Otto）发明的。

外燃机

蒸汽机是外燃机的一种类型。燃烧过程是在发动机外部，这里指在锅炉里面进行。蒸汽经过管道直至接触到活塞，从而驱动车轮。

诺森伯兰（Northumbrian）蒸汽机由乔治·斯蒂芬森和罗伯特·斯蒂芬森于1830年制造。

内燃机

最常见的内燃机是汽车发动机。四冲程发动机是由尼克劳斯·奥托发明的。内燃机是指热能转换为功的过程在发动机内部进行。

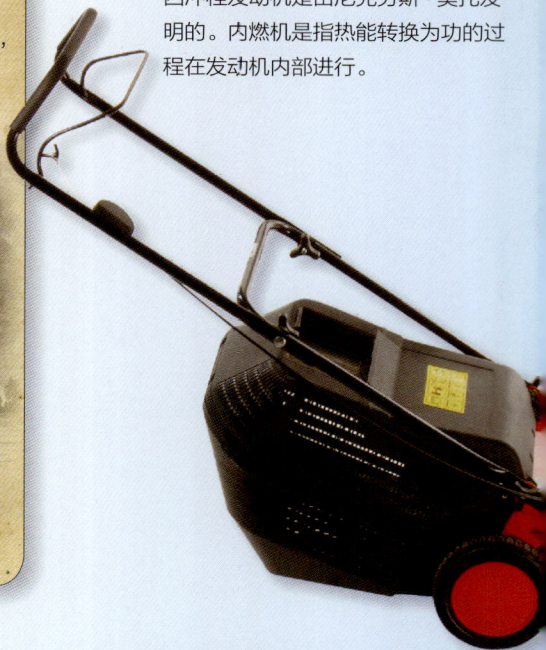

四冲程发动机是如何工作的

　　四冲程内燃机具有四个不同的循环，每一个都起着不同的作用。这四个循环包括进气、压缩、燃烧和排气。这个过程的目的是推动活塞运动，从而对外做功。

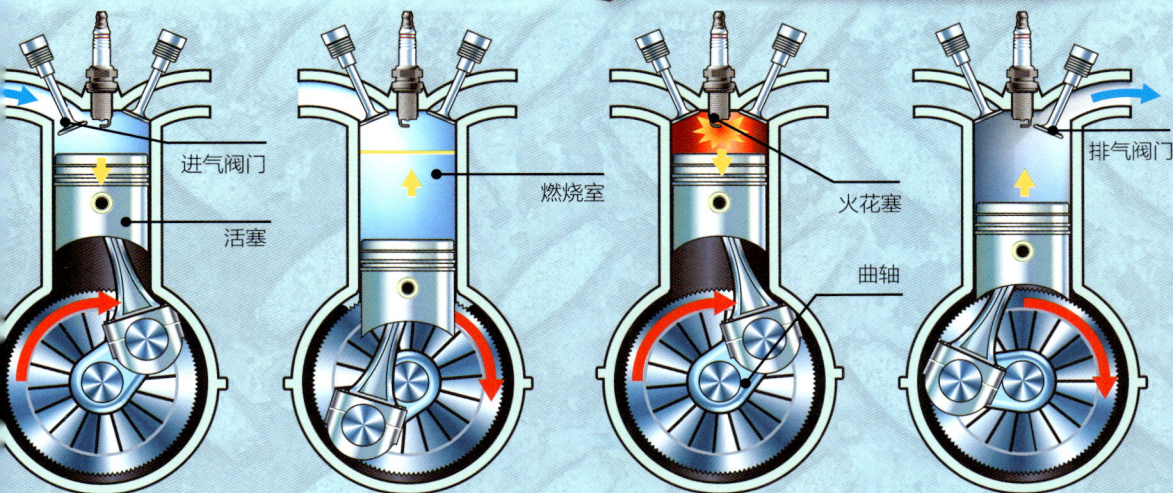

船用发动机

　　船艇可以具有舱内发动机或舱外发动机。舱内发动机安装在船上，而舱外发动机则搭载于船背后。

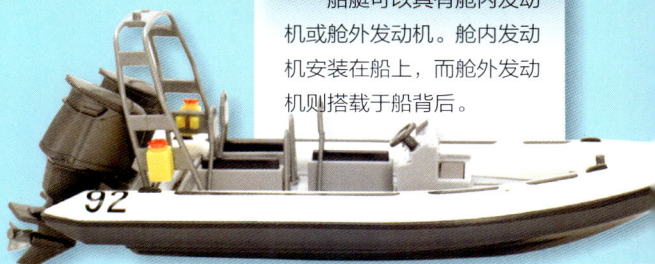

进气阀门

活塞

燃烧室

火花塞

曲轴

排气阀门

1.进气

　　活塞位于燃烧室顶部。当进气阀门打开时，活塞向下运动，将空气和燃料吸入燃烧室。

2.压缩

　　活塞向上运动，对空气和燃料进行压缩。同时，阀门关闭，从而增加燃烧室内的压力。

3.燃烧

　　当活塞到达燃烧室顶部时，火花塞点燃燃料和空气的混合物。爆炸产生的力量向下推动活塞，继而带动曲轴转动。

4.排气

　　当活塞到达燃烧室底部时，排气阀门打开，活塞将废气向上排出。当活塞到达顶部，则重新返回进入下一个工作循环。

割草机发动机

　　具有两冲程或四冲程内燃机。工作时拉动绳索，使燃料和空气进入到发动机的燃烧室。

摩托车发动机

　　大多数使用两冲程发动机，进、排气循环与压缩、燃烧循环合并在一起。

摄影机

摄影机以非常快的速度放映静止图像，从而制造出运动的幻象。许多早期的摄影机具有静止摄影背景是司空见惯的。

从摄影机第一次向公众亮相的那一刻起，将动态图像投影到屏幕上的这一功能就改变了大众文化。今天，当你意识到电影和电视的普及性时，很难想象在发明摄影机之前人类的娱乐活动究竟是怎样的。

卢米埃尔兄弟（Lumière brothers）

在为发明第一台摄影机做出贡献的发明家中，有两位被称作卢米埃尔兄弟，他们是来自法国的奥古斯特（Auguste）和路易（Louis）。他们对摄影和电影胶片的兴趣是在他们父亲的照相馆中工作时培养的。他们在1894年发明了自己的第一台摄影机。

首台卢米埃尔摄影机

是什么让卢米埃尔摄影机在当时众多相同发明中脱颖而出的呢？关键在于它集摄影机、胶片冲印部件和放映机功能于一身。卢米埃尔兄弟将其命名为"电影摄影放映机"（Cinématographe），并且它将图像放映速度提高到每秒16帧。

CINÉMATOGRAPHE LUMIÈRE

公开放映

卢米埃尔兄弟从1895年开始公开放映他们的电影。他们拍摄的第一部电影记录了一天结束时工人们离开卢米埃尔家族摄影设备工厂的场景。

活动电影放映厅

白炽电灯泡发明者托马斯·爱迪生还发明了活动电影放映机，外形貌似一个带窥视孔的橱柜。当人们通过窥视孔向里面看时，会看到图像在快速运动。

加利福尼亚的一个活动电影放映厅，美国，1984

知识拓展

善于分析的 (analytical)
指能够研究并解决一些复杂的事情。

细菌 (bacteria)
用显微镜可见的单细胞生命体，仅少数是有害的。

电磁学 (electromagnetism)
与电流和磁力相关的物理学说的一个分支。

荧光 (fluorescent)
一种光致发光的冷发光现象。

飞轮 (flywheel)
一个重型轮子，用来阻挡速度的变化，从而确保机器的平稳运转。

白炽 (incandescence)
某些物质由于处在高温状态下而自发光的现象。

惰性 (inert)
描述一些不发生化学反应的物质。

制造工厂 (mill)
一幢建筑，将原材料汇集于此，用来制造出各不相同的精制成品。

养分 (nutrient)
一些可以提供能量的物质。

活塞 (piston)
一种与较大的中空气缸配合的圆柱或圆盘状物体，并在压力的驱动下进行运动。

犁 (plow)

一种用来开垦土地的工具。

狂犬病 (rabies)

一种由动物传播的传染病。

自给自足 (self−sufficient)

能够不用外界援助而能供养自己。

镰刀 (sickle)

一种手握式农具，具有弯曲的刀片，用来切割农作物。

槽 (vat)

一种巨大的容器，通常用来储存或处理液体。

探索·科学百科™

Discovery EDUCATION™

世界科普百科类图文书领域最高专业技术质量的代表作

小学《科学》课拓展阅读辅助教材

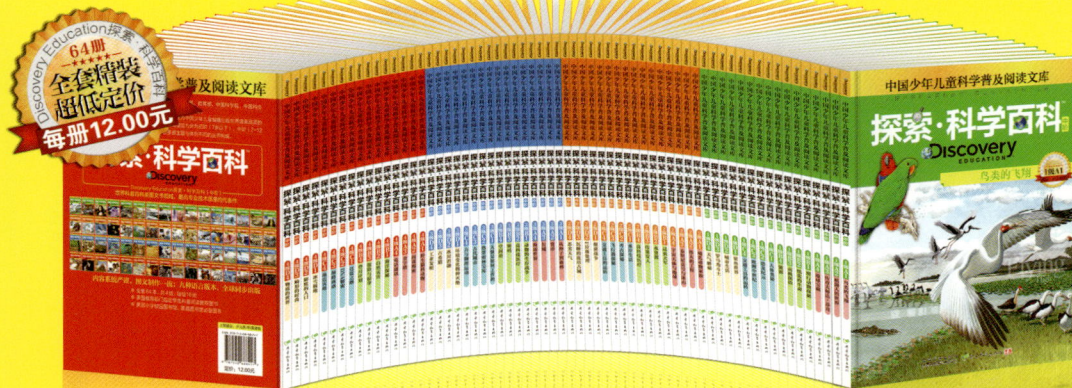

64册 全套精装 超低定价 每册12.00元

Discovery Education探索·科学百科（中阶）丛书，是7~12岁小读者适读的科普百科图文类图书，分为4级，每级16册，共64册。内容涵盖自然科学、社会科学、科学技术、人文历史等主题门类，每册为一个独立的内容主题。

Discovery Education
探索·科学百科（中阶）
1级套装（16册）
定价：192.00元

Discovery Education
探索·科学百科（中阶）
2级套装（16册）
定价：192.00元

Discovery Education
探索·科学百科（中阶）
3级套装（16册）
定价：192.00元

Discovery Education
探索·科学百科（中阶）
4级套装（16册）
定价：192.00元

Discovery Education
探索·科学百科（中阶）
1级分级分卷套装（4册）（共4卷）
每卷套装定价：48.00元

Discovery Education
探索·科学百科（中阶）
2级分级分卷套装（4册）（共4卷）
每卷套装定价：48.00元

Discovery Education
探索·科学百科（中阶）
3级分级分卷套装（4册）（共4卷）
每卷套装定价：48.00元

Discovery Education
探索·科学百科（中阶）
4级分级分卷套装（4册）（共4卷）
每卷套装定价：48.00元